Date: ..... / ...... / ....

Réservations

Heure	Nombre	Nom	Téléphone	Table	Notes

Date: ...... / ...... / .... # Réservations

Heure	Nombre	Nom	Téléphone	Table	Notes

Date: ..... / ...... / ....   # Réservations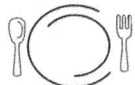

Heure	Nombre	Nom	Téléphone	Table	Notes

Date: ..... / ...... / .... # Réservations

Heure	Nombre	Nom	Téléphone	Table	Notes

Date: ..... / ...... / ....   # Réservations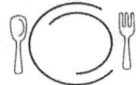

Heure	Nombre	Nom	Téléphone	Table	Notes

Date: ..... / ...... / .... Réservations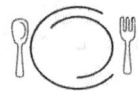

Heure	Nombre	Nom	Téléphone	Table	Notes

Date: ..... / ..... / .... # Réservations

Heure	Nombre	Nom	Téléphone	Table	Notes

Date: ..... /...... /........... # Réservations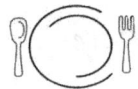

Heure	Nombre	Nom	Téléphone	Table	Notes

Date: ...... / ...... / .... # Réservations

Heure	Nombre	Nom	Téléphone	Table	Notes

Date: ..... / ...... / .... Réservations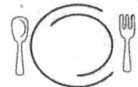

Heure	Nombre	Nom	Téléphone	Table	Notes

Date: ..... / ...... / .... # Réservations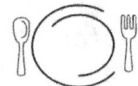

Heure	Nombre	Nom	Téléphone	Table	Notes

Date: ..... / ...... / .... Réservations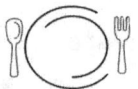

Heure	Nombre	Nom	Téléphone	Table	Notes

Date: ..... / ...... / .... # Réservations

Heure	Nombre	Nom	Téléphone	Table	Notes

Date: ..... / ...... / .... Réservations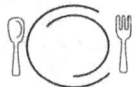

Heure	Nombre	Nom	Téléphone	Table	Notes

Date: ..... / ...... / .... Réservations

Heure	Nombre	Nom	Téléphone	Table	Notes

Date: ..... / ...... / .... # Réservations

Heure	Nombre	Nom	Téléphone	Table	Notes

Date: ..... / ...... / ....

Réservations

Heure	Nombre	Nom	Téléphone	Table	Notes

Date: ..... / ...... / .... # Réservations

Heure	Nombre	Nom	Téléphone	Table	Notes

Date: ..... / ...... / .... # Réservations

Heure	Nombre	Nom	Téléphone	Table	Notes

Date: ...... / ...... / ....

Réservations

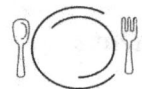

Heure	Nombre	Nom	Téléphone	Table	Notes

Date: ..... / ...... / .... # Réservations

Heure	Nombre	Nom	Téléphone	Table	Notes

Date: ..... / ...... / ....   # Réservations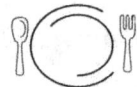

Heure	Nombre	Nom	Téléphone	Table	Notes

Date: ...... / ...... / .... Réservations

Heure	Nombre	Nom	Téléphone	Table	Notes

Date: ...... / ...... / .... # Réservations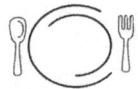

Heure	Nombre	Nom	Téléphone	Table	Notes

Date: ..... / ...... / .... # Réservations

Heure	Nombre	Nom	Téléphone	Table	Notes

Date: ..... / ...... / .... # Réservations

Heure	Nombre	Nom	Téléphone	Table	Notes

Date: ..... / ...... / .... # Réservations

Heure	Nombre	Nom	Téléphone	Table	Notes

Date: ..... / ...... / .... # Réservations

Heure	Nombre	Nom	Téléphone	Table	Notes

Date: ..... / ...... / .... Réservations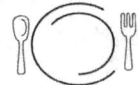

Heure	Nombre	Nom	Téléphone	Table	Notes

Date: ..... / ...... / .... Réservations

Heure	Nombre	Nom	Téléphone	Table	Notes

Date: ..... / ...... / ....   Réservations

Heure	Nombre	Nom	Téléphone	Table	Notes

Date: ...... / ...... / .... # Réservations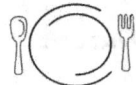

Heure	Nombre	Nom	Téléphone	Table	Notes

Date: ..... / ...... / ....

Réservations

Heure	Nombre	Nom	Téléphone	Table	Notes

Date: ..... / ...... / ....   Réservations

Heure	Nombre	Nom	Téléphone	Table	Notes

Date: ...... / ...... / .... # Réservations

Heure	Nombre	Nom	Téléphone	Table	Notes

Date: ..... /...... /.......... # Réservations

Heure	Nombre	Nom	Téléphone	Table	Notes

Date: ..... / ...... / ....   Réservations

Heure	Nombre	Nom	Téléphone	Table	Notes

Date: ..... / ...... / ....   Réservations

Heure	Nombre	Nom	Téléphone	Table	Notes

Date: ..... / ...... / .... # Réservations

Heure	Nombre	Nom	Téléphone	Table	Notes

Date: ..... / ...... / ....   # Réservations

Heure	Nombre	Nom	Téléphone	Table	Notes

Date: ...... / ...... / .... Réservations

Heure	Nombre	Nom	Téléphone	Table	Notes

Date: ..... / ...... / .... # Réservations

Heure	Nombre	Nom	Téléphone	Table	Notes

Date: ..... / ...... / ....   Réservations

Heure	Nombre	Nom	Téléphone	Table	Notes

Date: ..... / ...... / ....

Réservations

Heure	Nombre	Nom	Téléphone	Table	Notes

Date: ..... / ...... / .... Réservations

Heure	Nombre	Nom	Téléphone	Table	Notes

Date: ...... / ...... / .... # Réservations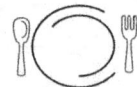

Heure	Nombre	Nom	Téléphone	Table	Notes

Date: ..... / ...... / .... Réservations

Heure	Nombre	Nom	Téléphone	Table	Notes

Date: ..... / ...... / .... Réservations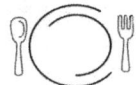

Heure	Nombre	Nom	Téléphone	Table	Notes

Date: ..... / ...... / .... # Réservations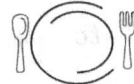

Heure	Nombre	Nom	Téléphone	Table	Notes

Date: ..... / ...... / ....   Réservations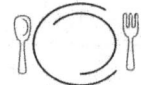

Heure	Nombre	Nom	Téléphone	Table	Notes

Date: ..... / ..... / .... # Réservations

Heure	Nombre	Nom	Téléphone	Table	Notes

Date: ..... / ...... / .... Réservations

Heure	Nombre	Nom	Téléphone	Table	Notes

Date: ..... / ...... / .... Réservations

Heure	Nombre	Nom	Téléphone	Table	Notes

Date: ..... / ...... / .... Réservations

Heure	Nombre	Nom	Téléphone	Table	Notes

Date: ...... / ...... / .... Réservations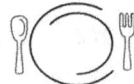

Heure	Nombre	Nom	Téléphone	Table	Notes

Date: ..... / ...... / .... Réservations

Heure	Nombre	Nom	Téléphone	Table	Notes

Date: ..... / ...... / .... # Réservations

Heure	Nombre	Nom	Téléphone	Table	Notes

Date: ..... / ...... / .... Réservations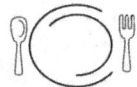

Heure	Nombre	Nom	Téléphone	Table	Notes

Date: ..... / ...... / .... # Réservations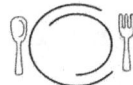

Heure	Nombre	Nom	Téléphone	Table	Notes

Date: ..... / ...... / .... # Réservations

Heure	Nombre	Nom	Téléphone	Table	Notes

Date: ..... / ...... / ....   # Réservations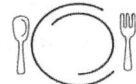

Heure	Nombre	Nom	Téléphone	Table	Notes

Date: ..... / ...... / .... Réservations

Heure	Nombre	Nom	Téléphone	Table	Notes

Date: ..... / ...... / .... # Réservations

Heure	Nombre	Nom	Téléphone	Table	Notes

Date: ..... / ...... / .... Réservations

Heure	Nombre	Nom	Téléphone	Table	Notes

Date: ..... / ...... / ....

Réservations

Heure	Nombre	Nom	Téléphone	Table	Notes

Date: ..... / ...... / .... Réservations

Heure	Nombre	Nom	Téléphone	Table	Notes

Date: ..... / ...... / .... # Réservations

Heure	Nombre	Nom	Téléphone	Table	Notes

Date: ...... / ...... / .... Réservations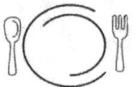

Heure	Nombre	Nom	Téléphone	Table	Notes

Date: ..... / ...... / .... Réservations

Heure	Nombre	Nom	Téléphone	Table	Notes

Date: ..... / ...... / .... Réservations

Heure	Nombre	Nom	Téléphone	Table	Notes

Date: ..... / ...... / .... Réservations

Heure	Nombre	Nom	Téléphone	Table	Notes

Date: ..... / ...... / .... Réservations

Heure	Nombre	Nom	Téléphone	Table	Notes

Date: ..... / ...... / .... # Réservations

Heure	Nombre	Nom	Téléphone	Table	Notes

Date: ..... / ...... / .... Réservations

Heure	Nombre	Nom	Téléphone	Table	Notes

Date: ..... / ...... / .... Réservations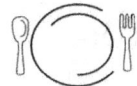

Heure	Nombre	Nom	Téléphone	Table	Notes

Date: ..... / ..... / ....

Réservations

Heure	Nombre	Nom	Téléphone	Table	Notes

Date: ..... / ...... / .... Réservations

Heure	Nombre	Nom	Téléphone	Table	Notes

Date: ..... / ...... / .... # Réservations

Heure	Nombre	Nom	Téléphone	Table	Notes

Date: ..... / ...... / ....   Réservations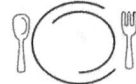

Heure	Nombre	Nom	Téléphone	Table	Notes

Date: ..... / ...... / .... # Réservations

Heure	Nombre	Nom	Téléphone	Table	Notes

Date: ..... / ...... / .... Réservations

Heure	Nombre	Nom	Téléphone	Table	Notes

Date: ..... / ...... / ....

Réservations

Heure	Nombre	Nom	Téléphone	Table	Notes

Date: ...... / ...... / .... Réservations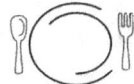

Heure	Nombre	Nom	Téléphone	Table	Notes

Date: ..... / ...... / .... # Réservations

Heure	Nombre	Nom	Téléphone	Table	Notes

Date: ..... / ...... / .... # Réservations

Heure	Nombre	Nom	Téléphone	Table	Notes

Date: ...... / ...... / .... # Réservations

Heure	Nombre	Nom	Téléphone	Table	Notes

Date: ..... / ...... / .... Réservations

Heure	Nombre	Nom	Téléphone	Table	Notes

Date: ..... / ...... / .... # Réservations

Heure	Nombre	Nom	Téléphone	Table	Notes

Date: ..... / ...... / .... Réservations

Heure	Nombre	Nom	Téléphone	Table	Notes

Date: ...... / ...... / .... Réservations

Heure	Nombre	Nom	Téléphone	Table	Notes

Date: ..... / ...... / .... Réservations

Heure	Nombre	Nom	Téléphone	Table	Notes

Date: ..... / ...... / .... Réservations

Heure	Nombre	Nom	Téléphone	Table	Notes

Date: ..... / ...... / .... # Réservations

Heure	Nombre	Nom	Téléphone	Table	Notes

Date: ..... / ...... / ....   Réservations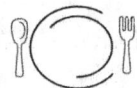

Heure	Nombre	Nom	Téléphone	Table	Notes

Date: ..... / ...... / .... # Réservations

Heure	Nombre	Nom	Téléphone	Table	Notes

Date: ..... / ...... / .... # Réservations

Heure	Nombre	Nom	Téléphone	Table	Notes

Date: ..... /...... /........... # Réservations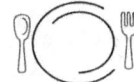

Heure	Nombre	Nom	Téléphone	Table	Notes

Date: ..... / ...... / .... # Réservations

Heure	Nombre	Nom	Téléphone	Table	Notes

Date: ...... / ...... / .... # Réservations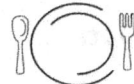

Heure	Nombre	Nom	Téléphone	Table	Notes

Date: ..... / ...... / .... # Réservations

Heure	Nombre	Nom	Téléphone	Table	Notes

Date: ..... / ...... / ....   Réservations

Heure	Nombre	Nom	Téléphone	Table	Notes

Date: ..... / ...... / ....

Réservations

Heure	Nombre	Nom	Téléphone	Table	Notes

Date: ..... / ...... / .... # Réservations

Heure	Nombre	Nom	Téléphone	Table	Notes

Date: ..... / ...... / .... # Réservations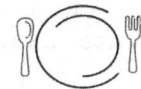

Heure	Nombre	Nom	Téléphone	Table	Notes

Date: ..... / ...... / .... # Réservations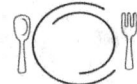

Heure	Nombre	Nom	Téléphone	Table	Notes

Date: ..... / ...... / .... Réservations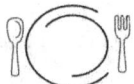

Heure	Nombre	Nom	Téléphone	Table	Notes

Date: ..... / ...... / .... # Réservations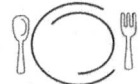

Heure	Nombre	Nom	Téléphone	Table	Notes

Date: ..... / ...... / .... # Réservations

Heure	Nombre	Nom	Téléphone	Table	Notes

Date: ..... /...... /........... # Réservations

Heure	Nombre	Nom	Téléphone	Table	Notes

Date: ..... / ...... / .... # Réservations

Heure	Nombre	Nom	Téléphone	Table	Notes

Date: ..... / ...... / .... Réservations

Heure	Nombre	Nom	Téléphone	Table	Notes

Date: ..... / ...... / .... # Réservations

Heure	Nombre	Nom	Téléphone	Table	Notes

Date: ..... / ...... / .... # Réservations

Heure	Nombre	Nom	Téléphone	Table	Notes

Date: ..... /...... /.......... # Réservations

Heure	Nombre	Nom	Téléphone	Table	Notes

Date: ..... / ...... / .... Réservations

Heure	Nombre	Nom	Téléphone	Table	Notes

Date: ..... / ...... / .... Réservations

Heure	Nombre	Nom	Téléphone	Table	Notes

Date: ..... / ...... / .... # Réservations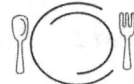

Heure	Nombre	Nom	Téléphone	Table	Notes

Date: ….. /…… /……….   # Réservations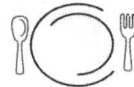

Heure	Nombre	Nom	Téléphone	Table	Notes

Date: ..... / ...... / .... Réservations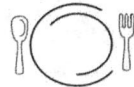

Heure	Nombre	Nom	Téléphone	Table	Notes

Date: ..... / ...... / .... # Réservations

Heure	Nombre	Nom	Téléphone	Table	Notes

Date: ….. /…… /………. Réservations

Heure	Nombre	Nom	Téléphone	Table	Notes

Date: ..... / ...... / .... Réservations

Heure	Nombre	Nom	Téléphone	Table	Notes

Date: ..... / ...... / .... # Réservations

Heure	Nombre	Nom	Téléphone	Table	Notes

Date: ..... / ...... / .... # Réservations

Heure	Nombre	Nom	Téléphone	Table	Notes

Date: ..... / ...... / .... # Réservations

Heure	Nombre	Nom	Téléphone	Table	Notes

Date: ..... / ...... / .... # Réservations

Heure	Nombre	Nom	Téléphone	Table	Notes

Date: ..... / ..... / .... Réservations

Heure	Nombre	Nom	Téléphone	Table	Notes

Date: ..... / ...... / ....

Réservations

Heure	Nombre	Nom	Téléphone	Table	Notes

Date: ..... / ...... / ....

Réservations

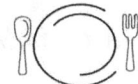

Heure	Nombre	Nom	Téléphone	Table	Notes

Date: ..... / ...... / .... # Réservations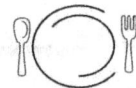

Heure	Nombre	Nom	Téléphone	Table	Notes

Date: ..... / ...... / .... # Réservations

Heure	Nombre	Nom	Téléphone	Table	Notes

Date: ..... / ...... / .... Réservations

Heure	Nombre	Nom	Téléphone	Table	Notes

Date: ...... / ...... / .... # Réservations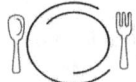

Heure	Nombre	Nom	Téléphone	Table	Notes

Date: ..... / ...... / .... # Réservations

Heure	Nombre	Nom	Téléphone	Table	Notes

Date: ...... / ...... / .... # Réservations

Heure	Nombre	Nom	Téléphone	Table	Notes

Date: ..... / ...... / .... # Réservations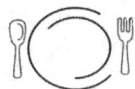

Heure	Nombre	Nom	Téléphone	Table	Notes

Date: ..... / ...... / .... # Réservations

Heure	Nombre	Nom	Téléphone	Table	Notes

Date: ..... / ...... / .... # Réservations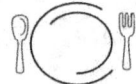

Heure	Nombre	Nom	Téléphone	Table	Notes

Date: ..... / ...... / .... Réservations

Heure	Nombre	Nom	Téléphone	Table	Notes

Date: ..... / ...... / .... # Réservations

Heure	Nombre	Nom	Téléphone	Table	Notes

Date: ..... / ...... / .... # Réservations

Heure	Nombre	Nom	Téléphone	Table	Notes

Date: ..... / ...... / .... # Réservations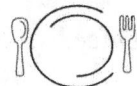

Heure	Nombre	Nom	Téléphone	Table	Notes

Date: ..... / ...... / ....

Réservations

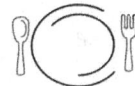

Heure	Nombre	Nom	Téléphone	Table	Notes

Date: ..... / ...... / .... # Réservations

Heure	Nombre	Nom	Téléphone	Table	Notes

Date: ..... / ...... / .... # Réservations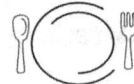

Heure	Nombre	Nom	Téléphone	Table	Notes

Date: ..... /...... /........... Réservations

Heure	Nombre	Nom	Téléphone	Table	Notes

Date: ..... / ..... / ....   Réservations

Heure	Nombre	Nom	Téléphone	Table	Notes

Date: ..... / ...... / .... # Réservations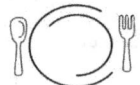

Heure	Nombre	Nom	Téléphone	Table	Notes

Date: ..... / ...... / .... # Réservations

Heure	Nombre	Nom	Téléphone	Table	Notes

Date: ..... / ..... / .... # Réservations

Heure	Nombre	Nom	Téléphone	Table	Notes

Date: ..... / ...... / .... Réservations

Heure	Nombre	Nom	Téléphone	Table	Notes

Date: ..... / ...... / .... # Réservations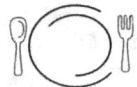

Heure	Nombre	Nom	Téléphone	Table	Notes

Date: ..... / ...... / ....   Réservations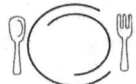

Heure	Nombre	Nom	Téléphone	Table	Notes

Date: ..... / ...... / .... Réservations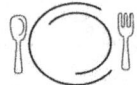

Heure	Nombre	Nom	Téléphone	Table	Notes

Date: ..... / ...... / ....

Réservations

Heure	Nombre	Nom	Téléphone	Table	Notes

Date: ..... / ...... / .... Réservations

Heure	Nombre	Nom	Téléphone	Table	Notes

Date: ..... / ...... / ....

Réservations

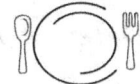

Heure	Nombre	Nom	Téléphone	Table	Notes

Date: ..... / ...... / .... # Réservations

Heure	Nombre	Nom	Téléphone	Table	Notes

Date: ..... / ...... / .... # Réservations

Heure	Nombre	Nom	Téléphone	Table	Notes

Date: ..... / ...... / .... # Réservations

Heure	Nombre	Nom	Téléphone	Table	Notes

Date: ..... / ...... / .... # Réservations

Heure	Nombre	Nom	Téléphone	Table	Notes

Date: ...... / ...... / ....   # Réservations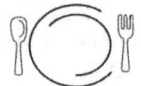

Heure	Nombre	Nom	Téléphone	Table	Notes

Date: ..... / ...... / .... # Réservations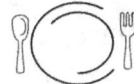

Heure	Nombre	Nom	Téléphone	Table	Notes

Date: ..... / ..... / .... Réservations

Heure	Nombre	Nom	Téléphone	Table	Notes

Date: ..... / ...... / .... # Réservations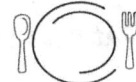

Heure	Nombre	Nom	Téléphone	Table	Notes

Date: ...... / ...... / .... # Réservations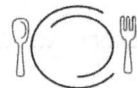

Heure	Nombre	Nom	Téléphone	Table	Notes

Date: ...... / ...... / .... Réservations

Heure	Nombre	Nom	Téléphone	Table	Notes

Date: ...... / ...... / .... Réservations

Heure	Nombre	Nom	Téléphone	Table	Notes

Date: ...... / ...... / .... # Réservations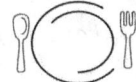

Heure	Nombre	Nom	Téléphone	Table	Notes

Date: ..... / ...... / .... # Réservations

Heure	Nombre	Nom	Téléphone	Table	Notes

Date: ..... / ...... / ....   Réservations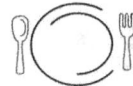

Heure	Nombre	Nom	Téléphone	Table	Notes

Date: ..... / ...... / .... # Réservations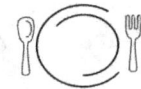

Heure	Nombre	Nom	Téléphone	Table	Notes

Date: ..... / ...... / ....

Réservations

Heure	Nombre	Nom	Téléphone	Table	Notes

Date: ..... / ...... / .... # Réservations

Heure	Nombre	Nom	Téléphone	Table	Notes

Date: ..... / ...... / .... # Réservations

Heure	Nombre	Nom	Téléphone	Table	Notes

Date: ..... / ...... / .... # Réservations

Heure	Nombre	Nom	Téléphone	Table	Notes

Date: ..... /...... /.......... Réservations

Heure	Nombre	Nom	Téléphone	Table	Notes

Date: ..... / ...... / .... # Réservations

Heure	Nombre	Nom	Téléphone	Table	Notes

Date: ..... / ...... / .... Réservations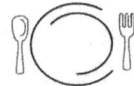

Heure	Nombre	Nom	Téléphone	Table	Notes

Date: ..... / ...... / ....   Réservations

Heure	Nombre	Nom	Téléphone	Table	Notes

Date: ..... /...... /.......... # Réservations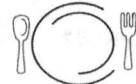

Heure	Nombre	Nom	Téléphone	Table	Notes

Date: ..... / ...... / .... Réservations

Heure	Nombre	Nom	Téléphone	Table	Notes

Date: ..... / ...... / .... Réservations

Heure	Nombre	Nom	Téléphone	Table	Notes

Date: ..... / ...... / .... Réservations

Heure	Nombre	Nom	Téléphone	Table	Notes

Date: ..... / ...... / .... # Réservations

Heure	Nombre	Nom	Téléphone	Table	Notes

Date: ..... / ...... / ....   Réservations

Heure	Nombre	Nom	Téléphone	Table	Notes

Date: ..... / ...... / .... Réservations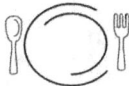

Heure	Nombre	Nom	Téléphone	Table	Notes

Date: ..... / ...... / .... # Réservations

Heure	Nombre	Nom	Téléphone	Table	Notes

Date: ..... / ...... / .... Réservations

Heure	Nombre	Nom	Téléphone	Table	Notes

Date: ..... / ...... / .... Réservations

Heure	Nombre	Nom	Téléphone	Table	Notes

Date: ..... / ...... / .... Réservations

Heure	Nombre	Nom	Téléphone	Table	Notes

Date: ..... / ...... / .... # Réservations

Heure	Nombre	Nom	Téléphone	Table	Notes

Date: ..... / ...... / ....   Réservations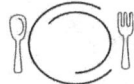

Heure	Nombre	Nom	Téléphone	Table	Notes

Date: ..... / ...... / .... # Réservations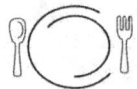

Heure	Nombre	Nom	Téléphone	Table	Notes

Date: ...... / ...... / .... Réservations

Heure	Nombre	Nom	Téléphone	Table	Notes

Date: ..... / ...... / .... # Réservations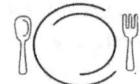

Heure	Nombre	Nom	Téléphone	Table	Notes

Date: ..... / ...... / .... Réservations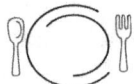

Heure	Nombre	Nom	Téléphone	Table	Notes

Date: ..... /...... /.......... Réservations

Heure	Nombre	Nom	Téléphone	Table	Notes

Date: ..... / ...... / ....   Réservations

Heure	Nombre	Nom	Téléphone	Table	Notes

Date: ..... / ...... / .... Réservations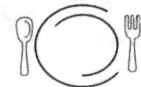

Heure	Nombre	Nom	Téléphone	Table	Notes

Date: ...... / ...... / ....   Réservations

Heure	Nombre	Nom	Téléphone	Table	Notes

Date: ..... / ...... / .... # Réservations

Heure	Nombre	Nom	Téléphone	Table	Notes

Date: ..... / ...... / ....   Réservations

Heure	Nombre	Nom	Téléphone	Table	Notes

Date: ..... / ...... / .... # Réservations

Heure	Nombre	Nom	Téléphone	Table	Notes

Date: ..... / ...... / .... Réservations

Heure	Nombre	Nom	Téléphone	Table	Notes

Date: ..... / ...... / .... # Réservations

Heure	Nombre	Nom	Téléphone	Table	Notes

Date: ..... / ...... / ....

Réservations

Heure	Nombre	Nom	Téléphone	Table	Notes

Date: ..... / ...... / .... # Réservations

Heure	Nombre	Nom	Téléphone	Table	Notes

Date: ..... / ...... / .... # Réservations

Heure	Nombre	Nom	Téléphone	Table	Notes

Date: ..... / ...... / .... # Réservations

Heure	Nombre	Nom	Téléphone	Table	Notes

Date: ..... / ...... / .... Réservations

Heure	Nombre	Nom	Téléphone	Table	Notes

Date: ..... / ...... / .... # Réservations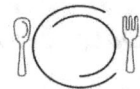

Heure	Nombre	Nom	Téléphone	Table	Notes

Date: ..... / ...... / .... # Réservations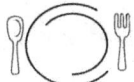

Heure	Nombre	Nom	Téléphone	Table	Notes

Date: ..... / ...... / .... Réservations

Heure	Nombre	Nom	Téléphone	Table	Notes

Date: ..... / ...... / ....   Réservations

Heure	Nombre	Nom	Téléphone	Table	Notes

Date: ..... / ...... / .... Réservations

Heure	Nombre	Nom	Téléphone	Table	Notes

Date: ..... / ...... / .... Réservations

Heure	Nombre	Nom	Téléphone	Table	Notes

Date: ..... /...... /.......... Réservations

Heure	Nombre	Nom	Téléphone	Table	Notes

Date: ..... / ..... / .... Réservations

Heure	Nombre	Nom	Téléphone	Table	Notes

Date: ..... / ...... / .... # Réservations

Heure	Nombre	Nom	Téléphone	Table	Notes

Date: ..... / ...... / .... # Réservations

Heure	Nombre	Nom	Téléphone	Table	Notes

Date: ..... / ...... / .... # Réservations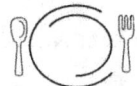

Heure	Nombre	Nom	Téléphone	Table	Notes

Date: ..... / ...... / ....

Réservations

Heure	Nombre	Nom	Téléphone	Table	Notes

Date: ..... /...... /........... # Réservations

Heure	Nombre	Nom	Téléphone	Table	Notes

Date: ..... / ...... / .... Réservations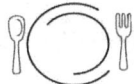

Heure	Nombre	Nom	Téléphone	Table	Notes

Date: ..... / ...... / .... Réservations

Heure	Nombre	Nom	Téléphone	Table	Notes

Date: ...... / ...... / .... # Réservations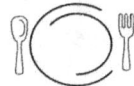

Heure	Nombre	Nom	Téléphone	Table	Notes

Date: ..... / ...... / .... Réservations

Heure	Nombre	Nom	Téléphone	Table	Notes

Date: ..... / ...... / .... # Réservations

Heure	Nombre	Nom	Téléphone	Table	Notes

Date: ..... / ...... / .... # Réservations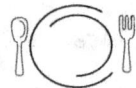

Heure	Nombre	Nom	Téléphone	Table	Notes

Date: ..... / ...... / .... Réservations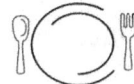

Heure	Nombre	Nom	Téléphone	Table	Notes

Date: ..... / ...... / .... # Réservations

Heure	Nombre	Nom	Téléphone	Table	Notes

Date: ..... / ...... / .... # Réservations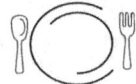

Heure	Nombre	Nom	Téléphone	Table	Notes

Date: ..... / ...... / .... # Réservations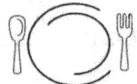

Heure	Nombre	Nom	Téléphone	Table	Notes

Date: ..... / ...... / .... # Réservations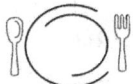

Heure	Nombre	Nom	Téléphone	Table	Notes

Date: ...... / ...... / .... Réservations

Heure	Nombre	Nom	Téléphone	Table	Notes

Date: ..... / ...... / .... Réservations

Heure	Nombre	Nom	Téléphone	Table	Notes

Date: ..... / ...... / .... # Réservations

Heure	Nombre	Nom	Téléphone	Table	Notes

Date: ..... / ...... / .... # Réservations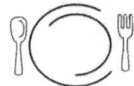

Heure	Nombre	Nom	Téléphone	Table	Notes

Date: ..... / ...... / .... # Réservations

Heure	Nombre	Nom	Téléphone	Table	Notes

Date: ..... / ...... / .... # Réservations

Heure	Nombre	Nom	Téléphone	Table	Notes

Date: ..... / ...... / .... # Réservations

Heure	Nombre	Nom	Téléphone	Table	Notes

Date: ..... / ...... / ....

Réservations

Heure	Nombre	Nom	Téléphone	Table	Notes

Date: ..... / ...... / ....   Réservations

Heure	Nombre	Nom	Téléphone	Table	Notes

Date: ….. /…… /………..   # Réservations

Heure	Nombre	Nom	Téléphone	Table	Notes

Date: ..... / ...... / .... # Réservations

Heure	Nombre	Nom	Téléphone	Table	Notes

Date: ..... / ...... / ....

Réservations

Heure	Nombre	Nom	Téléphone	Table	Notes

Date: ..... / ...... / .... # Réservations

Heure	Nombre	Nom	Téléphone	Table	Notes

Date: ..... / ...... / .... Réservations

Heure	Nombre	Nom	Téléphone	Table	Notes

Date: ..... /...... /........... # Réservations

Heure	Nombre	Nom	Téléphone	Table	Notes

Date: ..... / ...... / ....   Réservations

Heure	Nombre	Nom	Téléphone	Table	Notes

Date: ..... / ...... / ....   Réservations

Heure	Nombre	Nom	Téléphone	Table	Notes

Date: ..... / ...... / ....

Réservations

Heure	Nombre	Nom	Téléphone	Table	Notes

Date: ...... /...... /........... Réservations

Heure	Nombre	Nom	Téléphone	Table	Notes

Date: ..... / ...... / .... # Réservations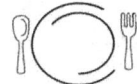

Heure	Nombre	Nom	Téléphone	Table	Notes

Date: ..... / ...... / .... # Réservations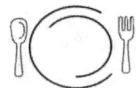

Heure	Nombre	Nom	Téléphone	Table	Notes

Date: ..... / ...... / .... # Réservations

Heure	Nombre	Nom	Téléphone	Table	Notes

Date: ..... / ...... / .... # Réservations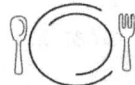

Heure	Nombre	Nom	Téléphone	Table	Notes

Date: ..... / ...... / .... # Réservations

Heure	Nombre	Nom	Téléphone	Table	Notes

Date: ..... / ...... / .... # Réservations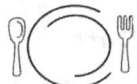

Heure	Nombre	Nom	Téléphone	Table	Notes

Date: ..... / ...... / .... Réservations

Heure	Nombre	Nom	Téléphone	Table	Notes

Date: ..... /...... /........... Réservations

Heure	Nombre	Nom	Téléphone	Table	Notes

Date: ..... / ...... / ....

Réservations

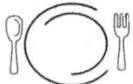

Heure	Nombre	Nom	Téléphone	Table	Notes

Date: ..... / ...... / .... # Réservations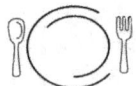

Heure	Nombre	Nom	Téléphone	Table	Notes

Date: ..... / ...... / ....   Réservations

Heure	Nombre	Nom	Téléphone	Table	Notes

Date: ..... / ...... / .... Réservations

Heure	Nombre	Nom	Téléphone	Table	Notes

Date: ..... / ...... / .... Réservations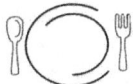

Heure	Nombre	Nom	Téléphone	Table	Notes

Date: ..... / ...... / ....   Réservations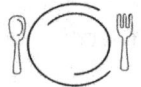

Heure	Nombre	Nom	Téléphone	Table	Notes

Date: ..... / ...... / ....   Réservations

Heure	Nombre	Nom	Téléphone	Table	Notes

Date: ..... /...... /........... # Réservations

Heure	Nombre	Nom	Téléphone	Table	Notes

Date: ..... / ...... / .... Réservations

Heure	Nombre	Nom	Téléphone	Table	Notes

Date: ..... / ...... / .... # Réservations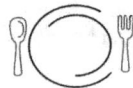

Heure	Nombre	Nom	Téléphone	Table	Notes

Date: ..... / ...... / .... Réservations

Heure	Nombre	Nom	Téléphone	Table	Notes

Date: ..... / ...... / .... # Réservations

Heure	Nombre	Nom	Téléphone	Table	Notes

Date: ...... / ...... / ....   Réservations

Heure	Nombre	Nom	Téléphone	Table	Notes

Date: …… / …… / ………… Réservations

Heure	Nombre	Nom	Téléphone	Table	Notes

Date: ..... / ...... / .... Réservations

Heure	Nombre	Nom	Téléphone	Table	Notes

Date: ..... / ...... / .... # Réservations

Heure	Nombre	Nom	Téléphone	Table	Notes

Date: ..... / ...... / .... Réservations

Heure	Nombre	Nom	Téléphone	Table	Notes

Date: ..... / ..... / .... Réservations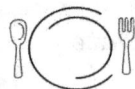

Heure	Nombre	Nom	Téléphone	Table	Notes

Date: ..... / ...... / ....   Réservations

Heure	Nombre	Nom	Téléphone	Table	Notes

Date: ..... / ...... / .... Réservations

Heure	Nombre	Nom	Téléphone	Table	Notes

Date: ..... / ...... / .... Réservations

Heure	Nombre	Nom	Téléphone	Table	Notes

Date: ..... / ...... / .... Réservations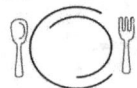

Heure	Nombre	Nom	Téléphone	Table	Notes

Date: ..... / ...... / .... # Réservations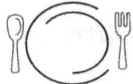

Heure	Nombre	Nom	Téléphone	Table	Notes

Date: ..... / ...... / .... # Réservations

Heure	Nombre	Nom	Téléphone	Table	Notes

Date: ..... / ...... / .... Réservations

Heure	Nombre	Nom	Téléphone	Table	Notes

Date: ..... / ...... / .... # Réservations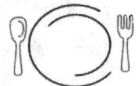

Heure	Nombre	Nom	Téléphone	Table	Notes

Date: ..... / ...... / .... # Réservations

Heure	Nombre	Nom	Téléphone	Table	Notes

Date: ..... /...... /.......... # Réservations

Heure	Nombre	Nom	Téléphone	Table	Notes

Date: ..... / ...... / .... # Réservations

Heure	Nombre	Nom	Téléphone	Table	Notes

Date: ...... / ...... / .... Réservations

Heure	Nombre	Nom	Téléphone	Table	Notes

Date: ..... /...... /.......... Réservations

Heure	Nombre	Nom	Téléphone	Table	Notes

Date: ….. /…… /………. # Réservations

Heure	Nombre	Nom	Téléphone	Table	Notes

Date: ..... / ...... / .... Réservations

Heure	Nombre	Nom	Téléphone	Table	Notes

Date: ..... / ...... / .... Réservations

Heure	Nombre	Nom	Téléphone	Table	Notes

Date: ..... / ...... / .... Réservations

Heure	Nombre	Nom	Téléphone	Table	Notes

Date: ..... / ...... / .... # Réservations

Heure	Nombre	Nom	Téléphone	Table	Notes

Date: ..... / ...... / .... # Réservations

Heure	Nombre	Nom	Téléphone	Table	Notes

Date: ..... / ...... / .... Réservations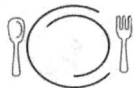

Heure	Nombre	Nom	Téléphone	Table	Notes

Date: ..... / ...... / ....

Réservations

Heure	Nombre	Nom	Téléphone	Table	Notes

Date: ...... / ...... / .... Réservations

Heure	Nombre	Nom	Téléphone	Table	Notes

Date: ..... / ..... / .... # Réservations

Heure	Nombre	Nom	Téléphone	Table	Notes

Date: ...... / ...... / .... # Réservations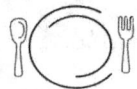

Heure	Nombre	Nom	Téléphone	Table	Notes

Date: ..... / ...... / ....   Réservations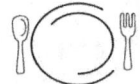

Heure	Nombre	Nom	Téléphone	Table	Notes

Date: ..... / ..... / .... # Réservations

Heure	Nombre	Nom	Téléphone	Table	Notes

Date: ...... / ...... / .... # Réservations

Heure	Nombre	Nom	Téléphone	Table	Notes

Date: ...... /...... /........... Réservations

Heure	Nombre	Nom	Téléphone	Table	Notes

Date: ..... / ...... / .... # Réservations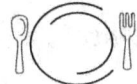

Heure	Nombre	Nom	Téléphone	Table	Notes

Date: ..... / ...... / .... # Réservations

Heure	Nombre	Nom	Téléphone	Table	Notes

Date: ..... / ...... / .... Réservations

Heure	Nombre	Nom	Téléphone	Table	Notes

Date: ..... / ...... / ....   Réservations

Heure	Nombre	Nom	Téléphone	Table	Notes

Date: ..... / ...... / .... Réservations

Heure	Nombre	Nom	Téléphone	Table	Notes

Date: ..... / ...... / .... Réservations

Heure	Nombre	Nom	Téléphone	Table	Notes

Date: ..... / ...... / .... Réservations

Heure	Nombre	Nom	Téléphone	Table	Notes

Date: ..... / ...... / .... # Réservations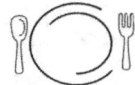

Heure	Nombre	Nom	Téléphone	Table	Notes

Date: ..... / ...... / .... # Réservations

Heure	Nombre	Nom	Téléphone	Table	Notes

Date: ..... / ...... / .... # Réservations

Heure	Nombre	Nom	Téléphone	Table	Notes

Date: ..... / ...... / .... Réservations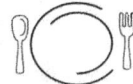

Heure	Nombre	Nom	Téléphone	Table	Notes

Date: ..... / ...... / .... Réservations

Heure	Nombre	Nom	Téléphone	Table	Notes

Date: ..... / ...... / .... Réservations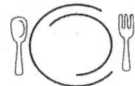

Heure	Nombre	Nom	Téléphone	Table	Notes

Date: ..... / ...... / ....　　　　　Réservations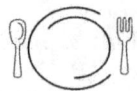

Heure	Nombre	Nom	Téléphone	Table	Notes

Date: ...... / ...... / .... # Réservations

Heure	Nombre	Nom	Téléphone	Table	Notes

Date: ...... / ...... / .... # Réservations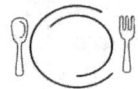

Heure	Nombre	Nom	Téléphone	Table	Notes

Date: ..... / ...... / .... Réservations

Heure	Nombre	Nom	Téléphone	Table	Notes

Date: ..... / ...... / .... # Réservations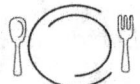

Heure	Nombre	Nom	Téléphone	Table	Notes

Date: ..... / ...... / .... # Réservations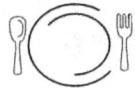

Heure	Nombre	Nom	Téléphone	Table	Notes

Date: ..... / ...... / .... Réservations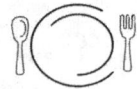

Heure	Nombre	Nom	Téléphone	Table	Notes

Date: ..... / ...... / .... # Réservations

Heure	Nombre	Nom	Téléphone	Table	Notes

Date: ..... / ...... / .... Réservations

Heure	Nombre	Nom	Téléphone	Table	Notes

Date: ..... / ...... / .... # Réservations

Heure	Nombre	Nom	Téléphone	Table	Notes

Date: ...... / ...... / .... Réservations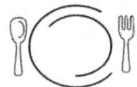

Heure	Nombre	Nom	Téléphone	Table	Notes

Date: ..... / ...... / .... # Réservations

Heure	Nombre	Nom	Téléphone	Table	Notes

Date: ..... / ...... / .... # Réservations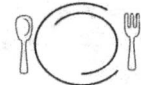

Heure	Nombre	Nom	Téléphone	Table	Notes

Date: ..... / ...... / .... # Réservations

Heure	Nombre	Nom	Téléphone	Table	Notes

Date: ..... / ...... / .... # Réservations

Heure	Nombre	Nom	Téléphone	Table	Notes

Date: ..... / ..... / .... Réservations

Heure	Nombre	Nom	Téléphone	Table	Notes

Date: ..... / ...... / .... # Réservations

Heure	Nombre	Nom	Téléphone	Table	Notes

Date: ..... / ...... / ....   Réservations

Heure	Nombre	Nom	Téléphone	Table	Notes

Date: ..... / ...... / ....   # Réservations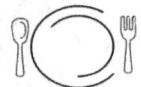

Heure	Nombre	Nom	Téléphone	Table	Notes

Date: ..... / ..... / .... # Réservations

Heure	Nombre	Nom	Téléphone	Table	Notes

Date: ..... / ...... / .... # Réservations

Heure	Nombre	Nom	Téléphone	Table	Notes

Date: ..... / ...... / .... # Réservations

Heure	Nombre	Nom	Téléphone	Table	Notes

Date: ...... / ...... / .... Réservations

Heure	Nombre	Nom	Téléphone	Table	Notes

Date: ..... / ...... / .... # Réservations

Heure	Nombre	Nom	Téléphone	Table	Notes

Date: ..... / ...... / .... # Réservations

Heure	Nombre	Nom	Téléphone	Table	Notes

Date: ..... / ...... / ....   Réservations

Heure	Nombre	Nom	Téléphone	Table	Notes

Date: ...... / ...... / .... # Réservations

Heure	Nombre	Nom	Téléphone	Table	Notes

Date: ..... / ...... / .... Réservations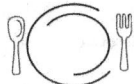

Heure	Nombre	Nom	Téléphone	Table	Notes

Date: ..... / ...... / .... Réservations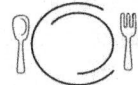

Heure	Nombre	Nom	Téléphone	Table	Notes

Date: ..... / ...... / .... Réservations

Heure	Nombre	Nom	Téléphone	Table	Notes

Date: ..... / ...... / .... # Réservations

Heure	Nombre	Nom	Téléphone	Table	Notes

Date: ..... / ..... / .... Réservations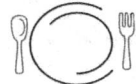

Heure	Nombre	Nom	Téléphone	Table	Notes

Date: ..... / ...... / .... Réservations

Heure	Nombre	Nom	Téléphone	Table	Notes

Date: ..... / ...... / .... # Réservations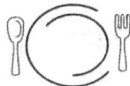

Heure	Nombre	Nom	Téléphone	Table	Notes

Date: ….. / …… / ……….. Réservations

Heure	Nombre	Nom	Téléphone	Table	Notes

Date: ..... / ...... / .... # Réservations

Heure	Nombre	Nom	Téléphone	Table	Notes

Date: ..... / ...... / .... # Réservations

Heure	Nombre	Nom	Téléphone	Table	Notes

Date: ..... / ...... / .... Réservations

Heure	Nombre	Nom	Téléphone	Table	Notes

Date: ...... / ...... / .... Réservations

Heure	Nombre	Nom	Téléphone	Table	Notes

Date: ..... / ...... / ....   Réservations

Heure	Nombre	Nom	Téléphone	Table	Notes

Date: ..... / ...... / .... # Réservations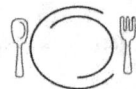

Heure	Nombre	Nom	Téléphone	Table	Notes

Date: ..... / ...... / .... Réservations

Heure	Nombre	Nom	Téléphone	Table	Notes

Date: ..... / ...... / .... Réservations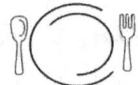

Heure	Nombre	Nom	Téléphone	Table	Notes

Date: ..... / ...... / .... Réservations

Heure	Nombre	Nom	Téléphone	Table	Notes

Date: ..... / ...... / .... # Réservations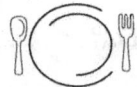

Heure	Nombre	Nom	Téléphone	Table	Notes

www.ingramcontent.com/pod-product-compliance
Lightning Source LLC
Chambersburg PA
CBHW080538220526
45466CB00010B/2958